D0917005

LE BUREAU DES GAFFES EN GROS

I. S. B. N. 2 - 8001 - 0094 - X

DUPUIS

MARCINELLE-CHARLEROI / PARIS / MONTREAL / BRUXELLES / SITTARD

POUR L'AMOUR DU CIEL, GASTON, CESSEZ DE TRAÎNER LES PIEDS COMME ÇA !! C'EST ÉNERVANT, À LA FIN !

ET PUIS, ALLEZ ME CHERCHER LE COURRIER **SANS TRAÎNER LES PIEDS**, AYEZ DU **RESSORT**, QUE DIABLE !

MAIS QUE PEUT BIEN FABRIQUER CET ANIMAL !? VOILÀ DIX MINUTES QU'IL EST PARTI !!

74A

VOILÀ LE COURRIER AVEC **RESSORT**

BOIIING

BOIIING

GASTON

74B

DIS, J'AI RENCONTRÉ HIER UN COPAIN... UN VÉRITABLE PHÉNOMÈNE...

CE GARÇON EST D'UNE PATIENCE INIMAGINABLE...

... ET PRÉCIS POUR LES PETITES CHOSES, HOUUU !...

...D'AILLEURS, IL A DE BONS YEUX...

... ET CE QUI EST SYMPATHIQUE, C'EST QU'IL EST DOUX AVEC LES ANIMAUX...

TU SAIS CE QU'IL FAIT ?... IL EST MONTREUR DE PUCES SAVANTES...

OUI, C'EST MON TOUT BEAU COSTUME ! JE DÉJEUNE AUJOURD'HUI AVEC DES HOMMES D'AFFAIRES QUI SONT PARMI LES PLUS ÉLÉGANTS DE LA CAPITALE

EH BEN, IL Y A UNE PETITE TACHE SUR SON BEAU VESTON ! HEUREUSEMENT QUE JE LA VOIS...

AVEC SON ESSENCE À BRIQUET, ÇA DISPARAÎTRA EN CINQ SECS...

QUEL GENRE DE TACHES FAIS-TU, TOI ?! PLUS N'AJOUTE D'ESSENCE PLUS ON VOIT L'AURÉOLE....

L'HUILE DE MACHINE ! STUPIDE ! NON ?!

ALLO, LA GLOUP COMPANY ?... POURQUOI VOS BIDONS D'HUILE ET VOS BIDONS D'ESSENCE SONT-ILS DE LA MÊME COULEUR, STU-PI-DES ?!

C'EST UNE OCCASION, MAIS CE SERA PLUS CONFORTABLE QU'UNE CHAISE DE BUREAU

MAIS !.... GASTON !! BONDISSEZ À VOTRE BUREAU, ET VITE ! M'ENFIN ! JE TRAVAILLE

JE LE TROUVERAI UN JOUR DANS UN LIT À COLONNES, JE VOUS LE DIS ! WOOHH LÀ LÀ

?

PDF

ENCORE !? JE T'ASSURE... C'EST PLUS FORT QUE MOI...

EXERCICE NUMÉRO CINQ : "BOXEZ DANS LE VIDE EN SIMULANT UN CORPS À CORPS ...

... VIOLENT" HHUMPPH...
PAF

BOP

POP
LA BOXE EFFICACE

CLOP

POUR UN TRAVAIL DE BUREAU EFFICACE
LA BOXE

QUEL CAPHARNAÜM.!! JE VAIS VOUS MONTRER, MOI, QU'IL FAUT AVOIR DE L'ORDRE ! DONNEZ-MOI IMMÉDIATEMENT LA CHRONIQUE AUTO DU NUMÉRO 1144.

VOILÀ...
...ET LE REPORTAGE SUR LA TÉLÉVISION !

IL EST ICI...
104A
ET LES DEUX PLANCHES DE TIF ET TONDU...

JE LES SENS
ET ÇA !? QU'EST-CE QUE C'EST ?

BROUM

ET QUI VA DEVOIR RECLASSER TOUT ÇA ? C'EST GASTON, ÉVIDEMMENT.!!
104B

 HA! HA! HA! JE N'AVAIS PAS REMARQUÉ ÇA, GASTON: VOUS AVEZ LA TÊTE EN FORME D'AMPOULE ÉLECTRIQUE!...

 ...ET CEPENDANT, VOUS N'ÊTES PAS UNE LUMIÈRE... HIHIHIHI!!

C'EST SPIRITUEL, ÇA?

 C'EST MALIN! MMM!! C'EST FIN... MMM... PAS GENTIL, ÇA ZZZZ

108A

 JE SAIS CE QU'IL Y A, GASTON. IL FAUT LA REMPLACER...

 ...ELLE N'EST PLUS BONNE! HIHIHIHI!! CLIC CLICLIC

 OUIIN! C'EST À CAUSE DE TOI QUE J'AI FAIT CE VILAIN RÊVE! SNIF SNIFF...

108B

 ...VOUS RÉPAREREZ LES PATINS DE VOTRE COUSIN JULES QUAND VOUS AUREZ PLACÉ CE NOUVEAU TUBE AU PLAFOND!

BON

 ZUT! CE PLAFOND EST QUELQUES CENTIMÈTRES TROP HAUT...

 121 A

AH! LES PATINS...

 MOI, J'AIME BIEN CES PROUESSES D'ÉQUILIBRE...

 AÏE TCHINC CLING RRRROO

 121 B

MONSIEUR DUPUIS, VOUS ÊTES TÉMOIN: GASTON S'AMUSE À PATINER À ROULETTES SUR SON BUREAU!

"DES ÉPAULES D'ATHLÈTE INSTANTANÉMENT ET SANS EFFORT !!" HAHA ! ET VOUS AVEZ ÉCRIT, GASTON ?!!

OUI ! J'AURAI LA MÉTHODE CET APRÈS-MIDI...

HA HA HA

ON VERRA

L'APRÈS-MIDI

ASCENSEURS

?!

OUAHF ! EH BEN, IL EST RAPIDE, L'ASCENSEUR, DEPUIS QU'ON L'A RÉPARÉ !!

OUAAH HAHAÂ

?

OUF ! TOUT EST CLASSÉ PAR ORDRE ALPHABÉTIQUE !... GASTON, VOULEZ-VOUS RANGER CES FICHES DANS L'ARMOIRE DU BUREAU VOISIN ?...

C'EST À MOI QU'ON DONNE TOUS LES TRAVAUX BÊTES ICI !...

...HEUREUSEMENT, JE TROUVE TOUJOURS LA SOLUTION PRATIQUE ET INTELLIGENTE...

EEEET HIOP! VOILÀ LE TRAVAIL !...

TU AURAIS TROUVÉ, TOI, UNE ASTUCE POUR TRANSPORTER TOUTES CES PAPERASSES EN UN SEUL VOYAGE, HMMM ??

...LUI, IL EST CONTRE LES SOLUTIONS PRATIQUES ...LA PREUVE, CETTE PINCE À TIMBRES !

AÏE, C'EST ENCORE UN DE CES MATINS OÙ GASTON EST INCAPABLE DE SE RÉVEILLER... ZZZZ

ATTENDS ! JE M'EN VAIS LE METTRE AU TRAVAIL, MOI ! HÉ GASTON

LE COUP DU SACHET PEUT-ÊTRE ?

PAF

ET L'ÉPINGLE ?... RIEN À FAIRE... C'EST INOUI ! ZZZZ

J'Y RENONCE... AH TIENS ?

C'EST ÉPATANT, CES VITAMINES... IL Y A TROIS JOURS QUE J'EN PRENDS ET JE ME SENS DÉJÀ UN AUTRE HOMME. !

POURQUOI FAIRE MA CRAVATE, GASTON ? POUR TE MONTRER UNE INVENTION À COUPER LE SOUFFLE !

JE N'AI PAS PERDU MON TEMPS, MOI, PENDANT MON CONGÉ...C'EST UNE MACHINE À NOUER LES CRAVATES ! INOUI, NON ? ... JE PLACE TA CRAVATE...

...C'EST ÉLECTRONIQUE... ATTENDS... NE BOUGE PAS PPFP!

C'EST QU'IL CROIT VRAIMENT QUE SA MACHINE VA FAIRE DES TRUCS. VRRR VRRR

HIHIHI ! C'EST IDIOT ! HÉ ??... VRRR

ÂÂRHGLP ATTENDS, NE SECOUE PAS L'APPAREIL. CE N'EST QU'UN RÉGLAGE... FAUT PEU DE CHOSE...

IL A INVENTÉ UNE MACHINE POUR ME TORDRE LE COU !!

LE CROQUET, C'EST UN BEAU SPORT...

!CLOC!

GASTON, VOULEZ-VOUS NOTER CECI...

AWOUU?

138A

TU AVOUERAS TOUT DE MÊME QUE TU N'ES PAS ADROIT...

GRRRMMBBLL HMGRMBLL

ALORS?...

JE PROMETS QUE JE NE JOUERAI PLUS À DES JEUX DANS MON BUREAU !...

138B

...MAIS SI, ESSAYE-LE...POUR ME FAIRE PLAISIR !... JE L'AI TRANSFORMÉ: IL NOUE LES LACETS, À PRÉSENT

BOAH !...CETTE FOIS-CI, PAS DE DANGER D'ÊTRE ÉTRANGLÉ...

DZZII

IL DÉMARRE !... PLACE BIEN LES PIEDS SUR LES MARQUES

PEUT-ON IMAGINER CHOSE PLUS IDIOTE QUE CE TRUC-MACHIN ?!

DZZIII !CLOC! CROUÎC

140A

VOILÀ ! AVEC MOI ON NAGE EN PLEINE ANTICIPATION...

BON ! JE PEUX M'EN ALL-HÉ ?!

OH'DIS ! ÇA C'EST AMUSANT ! IL A ATTACHÉ TES DEUX SOULIERS ENSEMBLE !

BOUM

MAIS ENFIN ! ON NE RÉUSSIT PAS TOUJOURS AU PREMIER ESSAI, NON ?

140B

HÉ ! FANTASIO ! J'AI RÉPARÉ MON ROBOT, ET MAINTENANT, IL MARCHE...

OUAIS ? EH BIEN, NE COMPTEZ PLUS SUR MOI POUR UN ESSAI, GASTON !

DZZIII
CRIIIOUII

DZZII
CRRIIIOUC

POC

GASTON ! REGARDEZ VITE LE ROBOT **IL VOLE !**

BEEUH ! ÇA, CE N'EST PAS POSSIBLE...

ZZZZZ

J'AI CINQ MINUTES D'AVANCE, JE VAIS ATTENDRE ICI CE MONSIEUR FANTASIO...

ILS ONT DES PORTEMANTEAUX À LA PICASSO, ICI... HMMM...

MAIS POURQUOI, DIABLE, CE PORTEMANTEAU EST-IL MUNI D'UN FIL ÉLECTRIQUE ?? J'AIME COMPRENDRE, MOI... J'ESSAYE...

TCHAC

DZZIII

CRRK
CRAK
MAIS ?!... MAIS !

GRRMBLBLL MON AVOCAT GR MMBLLFERAI UN PROCÈS

JE NE SIGNERAI JAMAIS UN CONTRAT AVEC CES **FOUS FURIEUX !**

 ...SI, SI, VIENS...MÊME TOI TU SE-RAS D'ACCORD EN VOYANT OÙ JE L'AI MIS...

 VOILÀ ! IL REFERME LA PORTE QUAND QUELQU'UN EST ENTRÉ FINIS, LES COURANTS D'AIR... LÀ, LÀ, JE RECONNAIS QU'IL Y A ENFIN DE L'IDÉE, GASTON.

 ET JE VAIS ESSAYER ÇA SUR LE-CHAMP !! BON ! JE LE BRANCHE, ET TU ENTRES... ÇA Y EST...

 J'ENTRE...TOUT SE PASSE BIEN... BIEN SÛR !! DZ !!!!

SCHLANG

 NE PARS PAS...JE LE RÈGLE UN PEU PLUS LENT ET ON FAIT UN NOUVEL ESSAI... C'EST EN TÂTONNANT QU'ON Y ARRIVERA...

143 B

 GASTON, JE DÉVELOPPE UN FILM... SI ON ME DEMANDE, FAITES ATTENDRE... AÏE !

 ...JE SUIS À LA CHAMBRE NOIRE ! EUH...FANTASIO, DIS...MINUTE... NON... CHAMBRE NOIRE

 CLAC HÉ ! SURTOUT NE TOUCHE PAS À'... AMBRE OIRE

 QU'EST-CE QUE C'EST QUE ÇA ?? DANS LES BACS À RÉVÉLATEUR ? DOUCEMENT ! MES CHAMPIGNONS !

 VOUS...VOUS CULTIVEZ DES CHAMPIGNONS DANS LA CHAMBRE NOIRE MAIS OUI...

 ...IL FAUT L'OBSCURITÉ POUR LEUR DÉVELOPPEMENT... LOGIQUE...

157 B G.R.

⑪

COURANT D'AIR!
FAUDRAIT DES PORTES AUTOMATIQUES DANS UN BUREAU MODERNE!...

L'APRÈS-MIDI - FORMIDABLE! J'AI TROUVÉ DES CELLULES PHOTOÉLECTRIQUES D'OCCASION... JE VAIS FAIRE UNE INSTALLATION DU TONNERRE!
PAS DE GAG, HMM?

VOILÀ! JE METS LE COURANT, ET QUAND JE PASSERAI ENTRE LES DEUX CELLULES, LA PORTE S'OUVRIRA TOUTE SEULE! HIHIHIHIHI!
162A

INOUÏ, ÇA! POUVOIR FONCER VERS UNE PORTE LES YEUX FERMÉS!

SCHLOK

ON M'A EU! CE SYSTÈME FONCTIONNE À L'ENVERS...
COURANT D'AIR!
162B

? REGARDE, FANTASIO! J'AI FAIT UNE MACHINE À VOLER, COMME LES AMÉRICAINS!... EN MIEUX!... AVEC UNE DE MES FUSÉES!...
CLANG CLONC CLANC

...C'EST UNE EXPÉRIENCE HISTORIQUE! JE TIRE SUR CETTE FICELLE... ET JE M'ÉLÈVE...
EUH... MINUTE!?
clic

...VERTICALEMENT!
ZWOUF

166A
FCHH

AÏE
AÏE
AÏE
AÏE

AÏE! AÏE!
STOP! ATTENDEZ! ARRÊTEZ-VOUS!

FRANCHEMENT, GASTON, DANS LE SENS VERTICAL, CE N'EST PAS AU POINT... MAIS ALORS, HORIZONTALEMENT, LES PERFORMANCES SONT AHURISSANTES!
166B

AÏE! UNE NOUVELLE INVENTION ?...

ÉPATANT ! C'EST L'APPUIE-TÊTE-DE-BUREAU... QUAND J'AURAI BEAUCOUP TRAVAILLÉ...

...JE POURRAI ME DÉTENDRE QUELQUES SECONDES...COMME CECI... IL Y A UN COUSSIN ...CONFORTABLE...MMMBLM...ROOH... Z ROÖH... Z Z Z Z

PAS POSSIBLE, ÇA... IL FAUT SABOTER CETTE MACHINE À ROUPILLER !... RZ

À MON TOUR DE BRICOLER UN PEU ! JE VOIS CE QUE JE VAIS FAIRE...

...OUI, AVEC UNE CHARNIÈRE ET UN BOUTON QUI FAIT CONTACT QUAND ON S'APPUIE...HÉHÉ !

LENDEMAIN MATIN... AAAAAHH !! AVANT DE TRAVAILLER, JE VAIS ME REPOSER UN PEU... CLIC

CRWIC

C'EST MIEUX, NON ?... À PRÉSENT, C'EST UNE MACHINE AUTOMATIQUE-À-REPLONGER-LE-GASTON-DANS-SON-TRAVAIL...

BEUHH !

174

...MERCI...EUH, GASTON ! À VOUS VOIR, ON NE DEVINERAIT JAMAIS QUE NOUS COMPOSONS ICI UN JOURNAL JEUNE, DYNAMIQUE...PLEIN DE FANTAISIE...

...FAITES UN EFFORT ! ...METTEZ-VOUS DANS L'AMBIANCE ! MILLE MILLIONS ! MMBON...

GASTONN, AVEZ-VOUS LES PLANCHES DE SANDY ?

LES VOICI !

CHRONIQUE SPORTIVE POUR NUMÉRO 1249

RHABILLEZ-VOUS, STUPIDE ! ET TROUVEZ-MOI LA PAGE AVIATION 1250.

VOILÀ !

190
S

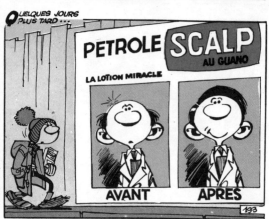

GRAND NETTOYAGE! J'AI VIDÉ TOUS LES TIROIRS DE MON BUREAU...

BON TRAVAIL! BRAVO, GASTON!...

APRÈS TOUT CE BOULOT, J'AI BIEN MÉRITÉ UN BON JUS D'ORANGE...

EH BEN?! ELLE EST SOLIDE, CETTE BOÎTE!

HMMMPHM

CRONTCH

GLOP GLOP GLOP

194

M'SIEUR BOULIER...

!

...CE GARÇON, QUI TRAVAILLE DANS VOTRE BUREAU, A BEAUCOUP À APPRENDRE... ENTRE AUTRES QU'IL CONVIENT DE SE DÉCOUVRIR POUR SALUER...

AH?... EUH...

...JE VOUS AI DIT POUR-TANT COMBIEN LE CHEF DE LA COMPTABILITÉ ÉTAIT SENSIBLE AUX MANIFESTA-TIONS DU SAVOIR-VIVRE!

M'ENFIN! TU SAIS BIEN CE QUI M'EST ARRIVÉ... EH BEN, JE SUIS FRILEUX DE LA PEAU DU CRÂNE, MOI...

DÉBROUILLEZ-VOUS! TOUS LES CHAUVES NE SONT PAS DES IMPOLIS...

LE LENDEMAIN.

M'SIEUR BOULIER...

195

HÉ! FANTASIO! CE QU'IL Y A DANS CETTE BOÎTE FERA PEUT-ÊTRE MA FORTUNE!...

...UN, NOUVEAU SAVON POUR LESSIVE... UN MÉLANGE À MOI, QUI NETTOIE À FOND! JE VAIS LANCER ÇA SUR LE MARCHÉ...

?

CHERCHE-MOI UN SLOGAN PUBLICITAIRE ... MOI, JE VAIS FAIRE UN ESSAI...

C'EST ÇA...

DIS, FANTASIO... EUH, TU VEUX BIEN COURIR CHEZ MOI ET ME RAP-PORTER DES VÊTEMENTS?

?

MON MÉLANGE EST TROP FORT... IL FAIT FONDRE LES TISSUS...

AAAH! J'AI LE SLOGAN: "AVEC LA LESSIVE **GASTOUNU**, LE LINGE SALE **N'EXISTE PLUS!**"

198

MAIS?

AH! TU VAS ÊTRE CONTENT! JE RASSEMBLE LES BOUTEILLES VIDES DE TOUT LE QUARTIER...C'EST POUR PAYER DES VACANCES AUX ENFANTS DES ÉCOLES MALADES...

CLINK

ET MONSIEUR DE MESMAEKER QUI VIENT ICI D'UN INS-TANT À L'AUTRE!

IL ARRIVE ENCORE COMME UN CHIEN DANS UN JEU DE QUILLES, CELUI-LÀ!

EN TOUT CAS, TOUTES CES QUILLES... EUH...CES BOU-TEILLES DOIVENT DISPA-RAÎTRE À L'INSTANT! HOP!

BOUM

..SUFFIT QU'ON ABAN-DONNE UNE BOUTEILLE POUR QUE TU TE PRÉCI-PITES DESSUS!...

JE VOIS: UNE BEUVERIE, À PRÉSENT! IL NE MANQUAIT QUE ÇA! JE NE SIGNE PAS DE CONTRATS AVEC DES **IVROGNES!**

VOILÀ! MONSIEUR CHOSE EST LÀ, ET TOI, TU NE TIENS PLUS DEBOUT!...

AGLF LAAFF

...TU VAS ASSISTER À UNE EXPÉRIENCE... JE VAIS LUI MURMURER QUELQUES MOTS À L'OREILLE...

?

...OBSERVE BIEN SES EXPRESSIONS

MANGER

CLASSER LE COURRIER

DORMIR

TRAVAILLER

ÇA SE PASSE DE COMMENTAIRES, NON ?... BELLE MENTALITÉ !

ATTENDS UNE MINUTE ...

FANTASIO

HEUREUSEMENT, JE CROIS QUE LE FOND EST BON CHEZ CE GARÇON...

HÉ BEN ???

...UNE ÉNORME TACHE D'ENCRE SUR MES BEAUX **NOUVEAUX CONTRATS !**

PFFP !

TOUS LES TEXTES GÂCHÉS ! DES HEURES DE TRAVAIL PERDUES !! **ET ALLEZ !**

HIHIHIHI HOHOHO !

EH BIEN ! PARACHEVONS LE CHEF-D'ŒUVRE ! ENCORE DE L'ENCRE.

...ET POURQUOI PAS DE LA COLLE, HMM ? Y A PAS DE RAISON !

HÉ ! STOP !

ET POUR QUE L'HORREUR SOIT COMPLÈTE, VIDONS LE TIROIR DU TAILLE-CRAYONS !!!

TU ES FOU ?...

...TU VAS SALIR MA FAUSSE TACHE TOUTE NEUVE !!... JE L'AI ACHETÉE CE MATIN MÊME AU MAGASIN DE FARCES ET ATTRAPES !...

ALLO ?...OUI, C'EST MOI...AH! FANTASIO...

NON, JE N'AI PAS ENCORE FINI...

...MAIS JE VOUDRAIS TE VOIR À MA PLACE!

...L'AMPOULE DE MA LAMPE A GRILLÉ, ET IL N'Y A PAS DE RECHANGE...

...ALORS, TOUT CE QUE J'AI TROUVÉ DANS LA RÉSERVE...

...C'EST LA GUIRLANDE QUE TU AVAIS ACHETÉE L'ANNÉE DERNIÈRE POUR LE SAPIN DE NOËL...

ÉVIDEMMENT, TOUJOURS MALIN, TOI, FALLAIT QUE TU PRENNES LE MODÈLE QUI S'ALLUME ET S'ÉTEINT TOUT LE TEMPS!... 216 B

RRAA...HUMPH!

DES BARRES D'ACIER! VOUS RENDEZ COMPTE...

...VOUS AVEZ DE LA CHANCE, MA ROUE N'EST PAS PLIÉE!

PAS PLIÉE, HMM?

DIS, FANTASIO...EUH, TU SAIS, LE VÉLO DU BUREAU... EH BEN, J'AI EU UN ACCIDENT... 217 B

Panel 1:
...ET VOUS PRÉTENDEZ QUE LE SON DE CET OBJET ATTIRE LES MERLES ET LES GRIVES ?...

TCHUUÎIP TILOUITT TWIP...

Panel 2:
TU VOIS QUE C'EST SÉRIEUX ! C'EST UN CHASSEUR QUI M'A PRÊTÉ CE TRUC...

AMUSANT !

TCHWIP?

Panel 3:
...ADROIT COMME JE SUIS, J'ARRIVERAI BIEN À EN FABRIQUER UNE COPIE...

Panel 4:
FANTASIO ! IL EST FINI... ON L'ESSAYE ?

Panel 5:
SLOUUUP TOUUUT

ÇA M'ÉTONNERAIT...

Panel 6:
SLOUP TOUUT?

ZUT, C'EST PAS AU POINT...

Panel 7:
JE ME DEMANDE À QUI IL PEUT BIEN TÉLÉPHONER AINSI À TOUR DE BRAS...

TRRRK TRRRK

Panel 8:
...CROISEUR COULÉ ! BON, À MOI : E2, F4, H7...

Panel 9:
...DONC COMBAT NAVAL DEPUIS CE MATIN, AUX FRAIS DE LA PRINCESSE !...

BOAH !

Panel 10:
...UNE PETITE PARTIE... C'EST POUR DISTRAIRE JULES, DE L'AGENCE SMITH, ICI EN FACE...

Panel 11:
IL A DÛ SUIVRE SON PATRON ET IL S'ENNUIE...

Panel 12:
IL NE CONNAÎT PERSONNE, LÀ,

Panel 13:
...À NEW YORK.

CRAC

X BILLETS POUR LE BAL TRAVESTI, INVITER UNE JEUNE FILLE DU BUREAU!

HÉHÉ! CHOISISSEZ BIEN, GASTON!

BONJOUR. MONSIEUR GASTON.

'JOUR, MADEMOISELLE YVONNE...

'JOUR, MADEMOISELLE SONIA...

BONJOUR, MONSIEUR GASTON,

'JOUR, MADEMOISELLE SUZANNE...

BONJOUR, MONSIEUR GASTON.

...C'EST OUI, MADEMOISELLE JEANNE? PARCE QUE J'AI LOUÉ UN COSTUME QUI VOUS IRA BIEN!

HIHIHIHI, MONSIEUR GASTON!

...SI, SI! VOUS VERREZ LE SUCCÈS QUE NOUS AURONS DANS NOTRE COSTUME DE CENTAURE!

Z24 B

ENCORE! IL COMMENCE À M'EMBÊTER, CE COURANT D'AIR.

COMME CECI, JE VAIS POUVOIR TRAVAILLER TRANQUILLEMENT.

CRIC

BOM BOM

GASTON! VOUS VOUS ENFERMEZ À PRÉSENT?

CLOC CLOC

M'ENFIN! PAS MOYEN DE RESTER ASSIS, ICI!

...CHAQUE FOIS QU'ON FERME LA PORTE DU COULOIR, CELLE-CI S'OUVRE...

EN TOUS GENRES

VRAIMENT EN TOUS GENRES?

CHICHE!

À LA MINUTE R.OSSIGNOL

BOM BOM

ATTENDS, J'OUVRE.

Z2G

 HOHOAH! UN TRUC À DÉBOUCHER LES ÉVIERS!... MOI, J'AIME MIEUX ÇA QUE LA SOUDE CAUSTIQUE...

 ...C'EST BEAUCOUP PLUS AMUSANT.

POP

 JE PARIE QUE ÇA COLLE MÊME SUR LE BOIS DE CETTE PORTE. ...

 ...ON LANCE SEC! ... HHMPH!

 PLAF

 M'ENFIN! C'EST LA PREMIÈRE FOIS QU'IL VIENT AU BUREAU LE MARDI, MONSIEUR DUPUIS!

 DIS, C'EST MARRANT, QUE CERTAINS BRUITS ATTIRENT AINSI LES OISEAUX! HIHIHIHIHIHI! ENCORE UN APPEAU? L'AIR AHURI DE CE CANARD. HIHIHIHIHIHI! HIHIHIHI HIHIHI NE RIEZ PAS À LA FENÊTRE, GASTON, VOUS ALLEZ NOUS ATTIRER DES ENNUIS!

 HIHIHIHIHI QUEL EST CE BRUIT DANS LE COULOIR?! CLOP TOCLOP POTOCLOP

 M'ENFIN?! ?

27

FAIT PAS CHAUD ! JE VAIS ALLUMER MON RADIATEUR À GAZ...

GASTON ! C'EST À VOUS, CE JOUET, SUR MON BUREAU ?

RRHHH

? OUI, C'EST LE CHAR D'ASSAUT QUE MON P'TIT COUSIN A REÇU POUR SES ÉTRENNES. JE VOULAIS TE LE MONTRER...

REGARDE CETTE ALLURE ! TOUT À FAIT COMME UN VRAI !

CRAACRÂCRÂ ?

ET TU AS VU, IL TIRE COMME UN VRAI : LE CANON FAIT DES ÉTINCELLES...

PCHHHH

CRAACRÂCRÂ

BOUM

C'EST FOU CE QUE LES JOUETS SE PERFECTIONNENT ! MAIS ARRÊTEZ-LE !!

M'ENFIN !

230

UNE BELLE POUBELLE À PÉDALE, TOUTE NEUVE, ÇA MANQUAIT CHEZ VOUS.

...À PROPOS, TRIEZ DONC LA MONTAGNE DE VIEUX PAPIERS QUI CACHE VOTRE BUREAU...

TU PARLES D'UNE SURPRISE !

MAIS...?! IL SE PAYE MA TÊTE !

?

J'AI COMPRIS !

NON, GASTON ! CET APPAREIL EST D'UN MANIEMENT TROP COMPLEXE POUR VOUS !

?

231

VOUS AVEZ **ENCORE** FABRIQUÉ UN DE CES MACHINS QUI ATTIRENT LES OISEAUX !? / C'EST POUR QUEL ANIMAL ?

JUSTEMENT, JE NE SAIS PAS...

CE SERA UNE SURPRISE

SLOÁÁRFLUBLBL

AAAAH!

SI...SI...SI CETTE CORDE NE M'AVAIT PAS RETENU, J'Y ÉTAIS ...SIX ÉTAGES !

?

J...JE RÉPARAIS LA GOUTTIÈRE ... TOUT À COUP UN ...UN **BRUIT**... ÉPOUVANTABLE ... JE SURSAUTE ... JE **TOMBE**...

INSTRUMENT UNIQUE : UN APPEAU POUR LA CHASSE AU PLOMBIER-ZINGUEUR...

232B

IL GÈLE SEC ! HEUREUSEMENT, JE ME SUIS BIEN ÉQUIPÉ AUJOURD'HUI ! ...

MAGNIFIQUE, LE PASSE-MONTAGNE, GASTON ! MAIS ...N'AVEZ PAS PEUR D'UN FROID SUR LE NEZ ? HIHIHI...

NON, J'Y AI PENSÉ...

... MA TANTE HORTENSE M'A TRICOTÉ UN MACHIN ÉPATANT... ATTENDS...

?

TU VOIS, C'EST ASSORTI AU PASSE-MONTAGNE ...

ELLE TROUVE QUE C'EST SI JOLI AVEC CE POMPON...

QUELLE FAMILLE !!

233B

 BELLE NEIGE, PAS VRAI, GASTON ? MOUI... MOI, J'AIME BIEN !

 MAIS IL FAUT PENSER AU TRAVAIL QUOTIDIEN... OUBLIONS LA NEIGE ... SPIROU 1,2,3

 FLOP ZZZ

 FARCEUR, AUJOURD'HUI, HEIN ? MAIS NON, JE T'ASSURE...JE ME DEMANDE QUI

 VOUS DISSIMULIEZ UNE BOULE DE NEIGE, HMM, GAMIN !

 FLOP ZZZ

 DÉSARMEMENT ! TU VOIS, JE N'AI PAS DE NEIGE DANS MES POCHES...

 JE COMPRENDRAI ! JE COMPRENDRAI !

 J'AI COMPRIS ! HIHI HIHI !

 ...OUI, J'ATTENDS FRANQUIN AVEC SES PLANCHES EN RETARD, MONSIEUR DUPUIS... AH, VOUS VOULEZ LE VOIR AU CINQUIÈME ?

 ...D'HABITUDE, IL GARE SOUS LE SIGNAL "PARKING INTERDIT" DEVANT L'ENTRÉE...S'IL EST ARRIVÉ, VOUS DEVEZ...

 ...APERCEVOIR SA VOITURE EN VOUS PENCHANT À LA FENÊTRE DE VOTRE BUREAU...

 OH ! LA BELLE NEIGE SUR L'APPUI DE LA FENÊTRE !

 OHHOOO ! IL Y A UN GARS QUI SE PEN- CHE À LA FENÊTRE DU CINQUIÈME...

 UNE IDÉE ! JE LUI EN- VOIE UNE AVALANCHE !

 HIHIHIHI ! IL A TOUT PRIS SUR LE CRÂNE !

 JE NE VOUS CROYAIS PAS CAPABLE DE FAIRE UNE FARCE AUSSI STUPIDE, MONSIEUR FANTA- SIO ! NOUS EN REPARLERONS ...

... C'EST UNE OCCASION...

ÇA NE REND AUCUN SERVICE DANS UN BUREAU... ALLONS, AU TRAVAIL, GASTON !

CETTE LISTE À TAPER, C'EST EXTRRRRÊMEMENT URGENT !

UNE HEURE PLUS TARD...

GASTON ! MA LISTE ? PAS ENCORE FINIE, NOM DE NOM !?!

JE NE FAIS QUE ÇA ...

JE NE ME SUIS PAS ARRÊTÉ DEPUIS QUE TU ME L'AS DONNÉE ...

CLIC

CLIC

236

... MONSIEUR GASTON ? NON, IL N'EST PAS VENU ICI...

... IL Y A LONGTEMPS...

... PAS VU DEPUIS TROIS JOURS...

LA PREUVE : IL N'Y A EU DE CATASTROPHE DANS LES BUREAUX, CETTE SEMAINE...

... TOUS LES SOIRS, ON FAIT UN BOUT DE CHE-MIN ENSEMBLE, MAIS DEPUIS LUNDI...

DÉSOLÉ, JE N'AI PAS TROUVÉ DE CORPS DANS LA CAGE DE L'ASCENSEUR...

SES VÊTEMENTS SONT ICI, COMME S'IL N'AVAIT PAS QUITTÉ LA MAISON ...

... IL FAUT DONC CONCLURE QU'À L'INSTAR DE L'OURS, DU LOIR ET DE LA MARMOTTE, GASTON **HIBERNE !**

ZZZ

ZZZ

NRZZ

NNN

237

31

HÉ ! VOS GALOCHES !! ELLES SONT MOUILLÉES ! JE N'AI PAS NETTOYÉ POUR QU'ON ME SALISSE TOUT !

DITES, VOUS ! L'ASCENSEUR, CE N'EST PAS FAIT POUR JOUER À FAIRE L'IDIOT COMME UNE ANDOUILLE !

LAVEZ-VOUS LES MAINS, GASTON. JE NE VEUX PAS D'EMPREINTES DIGITALES SUR LES CONTRATS...

J'EN AI ASSEZ ! ON ME TRAITE **COMME UN ENFANT** ICI !!

VLAM

C'EST VRAI, À LA FIN !

738

CIGARETTE SUR CIGARETTE, HMM ?!... TRÈS MAUVAIS, ÇA... ADIEU, LE SOUFFLE !

JE PARIE QUE CECI EST DÉJÀ PERDU POUR LE SPORT ...

...PAR EXEMPLE VOUS N'ÊTES PLUS CAPABLE DE RESTER VINGT SECONDES SOUS L'EAU...

CETTE EXPÉRIENCE VOUS OUVRIRA LES YEUX, GASTON ...

MAIS... GLUBUL ...

...JE COMPTE... ...HUIT... NEUF... DIX ...

...TOUT DE MÊME... UNE MINUTE TRENTE SECONDES...

BORGOGLOUP GOBLUB

...SI ! C'EST BIEN DEUX MINUTES QUINZE !

...QUATRE MINUTES QUARANTE CINQ !! EUH... GASTON ! GASTON !!

QUOI ? EUH... AH ! L'EX-PÉRIENCE ? QU'EST-CE QU'ELLE A DONNÉ, DIS ? JE ME SUIS ENDORMI...

239
SC-R

* HEUREUX DE VOUS ENTENDRE, Mr GOTPLENTY.

* VOUS GRATTER LE DOS, STUPIDE? JAMAIS!

DONC, QUAND IL ENTRERA, NOUS LUI CHANTERONS LE PETIT AIR EN L'HONNEUR DES VINGT-CINQ ANS DE SON JOURNAL...

AH ZUT! IL N'Y A PLUS DE SERPENTINS...

OAAH! LA BANDE ADHÉSIVE! BONNE IDÉE

VOILÀ SPIROU! VITE, FORMONS UN GROUPE...

BON ANNIVERSAIRE, NOS VŒUX LES PLUS SINCÈRES...

J'UTILISERAI TOUTES LES RESSOURCES DE LA PHARMACIE MODERNE...

...AVEC CE COCKTAIL DE VITAMINES, IL SE SENTIRA FORT COMME UN TURC...

GASTON, AVALEZ CECI...

HOIN?

AU BOULOT! DEBOUT LÀ-D'DANS!

GLOUP

ÉCOUTEZ, GASTON, LE RYTHME JOYEUX DU TRAVAIL!...

CLIC TCHICTCHIC TCHIC TRRINNC TCHICTCHIC CLIC

TCHICTCHIC TCHIC CLIC TCHICTCHIC

AHHAAAH! JE LIS DANS VOS YEUX LA VOLONTÉ D'EN METTRE UN GRAND COUP!

POF

TON CHAHUT M'EMPÊCHE DE DORMIR

CHOUETTE ! C'EST TA NOUVELLE MONTRE ?...

TIENS ! TU AS UN BRACELET ÉLASTIQUE...

DOUCEMENT, GASTON !

EH BEN, ELLE EST CHIC !

ANTICHOC ET ULTRA-PLATE.

C'EST UNE MONTRE D'HOMME D'AFFAIRES

..TU DOIS REGARDER L'HEURE D'UN GESTE LARGE...

AÏE ! LA FENÊTRE.

BOAH ! TU DISAIS QU'ELLE ÉTAIT ANTICHOC...

ET **ULTRA-PLATE**

QUEL GAFFEUR CELUI-LÀ !

245

SUIVANT

5

5

5

EH BEN ! PAS MOYEN D'ACCROCHER UN PARAPLUIE, ICI ??!

OUUIÏÏÏNNN

HOLD-UP ! OUI...AU BUREAU DE POSTE...

PIN-PON PIN-PON

OUUIÏÏÏÏÏNNN

... EN EFFET ! IL N'EST ÉCRIT NULLE PART QUE LE SIGNAL D'ALARME SE DÉCLENCHE QUAND ON TOUCHE AU DESSUS DES VITRES ✳%⊘#⌗

VOUS FAITES DE LA CHIMIE, LAGAFFE ?...
NON... JE ME DEMANDE...
POP

DIS, JE N'ARRIVE PAS À IDENTIFIER CE PRODUIT... TOI QUI AS DU NEZ ?...
CE N'EST PAS UNE FARCE AU MOINS, GASTON ? SNIF... SNIF...

?
OUI, TOUTE UNE COLLECTION DE PETITES FIOLES !... C'EST JOLI, HMM...
VOUS FAITES TOUJOURS DES TROUVAILLES, VOUS, MONSIEUR GASTON...

...JE PASSAIS PAR LE PARC ET J'AI TROUVÉ ÇA SUR UN BANC...
AÏE ! VOUS RÉPANDEZ DE CE LIQUIDE !

...UN AVIS À LA POPULATION : LE DOCTEUR DUNEZ A PERDU CE MATIN UNE MALLETTE NOIRE CONTENANT DES BOUILLONS DE CULTURE DESTINÉS À L'ÉTUDE DE LA GRIPPE ASIATIQUE ...CES VIRUS TRÈS ACTIFS...

ATCHÂÂ !
SNIF !
RHEUH THEU
SNIF ATCHIII !
THEUHEU
...DOCTEUR DUNEZ ? SNIF... VOTRE MALLETTE EST RETROUVÉE... SNIF... ET NE VOUS INQUIÉTEZ PAS : TOUS VOS PETITS MICROBES SONT ICI...
M'ENFIN ! C'EST NERVEUX ! MOI JE NE SENS RIEN...
247

...QUAND JE PENSE QUE VOUS ÊTES TOUT SEUL DANS LES BUREAUX, GASTON, MA TEMPÉRATURE MONTE DE DEUX DEGRÉS ! SNIF... SOYEZ À LA HAUTEUR DE LA ...SNIF...SITUATION...

MONSIEUR FANTASIO ?
IL A LA GRIPPE... ILS ONT TOUS LA GRIPPE...

MAIS LES CONTRATS SONT ICI ? ...JE VEUX SIGNER LES CONTRATS !
'TENDEZ... IL LES RANGE DANS CE...

VOILÀ ! CE N'EST PAS PLUS DIFFICILE QUE ÇA...
SCRITCH SCRATCH

...SIGNÉS... IL... IL LES A SIGNÉS ?!!
C'EST UN GRAND JOUR !...!!... SNIF

EH BEN !...ZUT, JE LUI AI FAIT SIGNER LE TEXTE DE LA CHRONIQUE SPORTIVE...

紫 ★ *!!
248

OAOUUWAÏÏE

 DRRRRIIIIING

 ALLO... ALLO ?... TIENS ?... ALLO !... PERSONNE

 DRRRRRIIIIING
C'EST LE PERROQUET !!

 QUINZE FOIS PLUS TARD
DRRRRRIIIIING
COMMENT VOULEZ-VOUS SAVOIR SI C'EST LE TÉLÉQUET OU LE PERROPHONE ?...

 ALLO ?... C'EST ENCORE CETTE SALE BÊTE !

 OH ! P... OH ! PARDON, MONSIEUR DE MESMAEKER ! ALLO... ALLO...

 ÇA M'ÉNERVE ! ÇA M'ÉNERVE ! VAIS DEVENIR FOU !
DRRIIIING

 ALLO
ALLO ?
EH BEN ! ?!?

254

 EH LÀ, STOP ! VOUS N'ALLEZ PAS LUI APPRENDRE DE NOUVEAUX BRUITS STUPIDES, NON ?!
?

 NON, C'EST UN SIFFLET POUR DRESSER LES CHIENS...TU SAIS BIEN, UN SIFFLET QU'ON N'ENTEND PAS.
AH ! DU MOMENT QUE C'EST SILENCIEUX...

 ...JE FAIS UNE EXPÉRIENCE : JE VOUDRAIS VOIR SI LUI IL L'ENTEND

 C'EST MALIN, HÉ ! VOUS NE LE SAUREZ JAMAIS, GASTON !...

DIS, J'AI L'IMPRESSION QU'IL ENTEND ET QU'IL ESSAYE D'IMITER !!

 DIX MINUTES PLUS TARD.
?
OUWHAF
WOF ?

 OUAFH
WHOUF WHOUF
WOF
WAF
M'ENFIN !
WAF WAF
WAF WAF
WOUF
WAF

 WHOUF
WAF WAF
WOF WAF
OUAFH
WAFWAF WAF
WHOUF
WOF WAF
TU AS DE LA CHANCE ! S'IL RÉPÉTAIT CE QUE TU AS DIT !...

255

EUH...VOUS NE LAISSEZ PAS ÇA DANS LA RUE, GASTON?

TROP PEUR DES VOLEURS... C'EST MON AMI CHRISTIAN QUI ME L'A PRÊTÉ...

UN OPTIMISTE, VOTRE AMI...

ÇA DÉMARRE AU QUART DE TOUR! JE VAIS TE MONTRER

VRROUT
TEUHEU TEUHEU
POUT POUT PAF

AU QUATRIÈME ÉTAGE...

?

POUTPOUT POUT PAF POUTPA'

!

POUT POUTPOUT PAF POUTPOUT POUTPOUT

...MAIS JE T'ASSURE, CHEZ SPIROU, ILS ONT DES ASCENSEURS À ESSENCE!...

SCHGNAC
C'EST MIEUX

257

NON! JE N'AI RIEN À PEINDRE EN ROUGE...

...PARCE QUE C'EST FACILE... ON POUSSE, ET C'EST LA PRESSION...

...J'AI PEINT TOUTE MA CHAMBRE, ET IL EN RESTE...

BON! FAITES UNE SOUPE AUX TOMATES, GASTON...MAIS AUPARAVANT...

...SORTEZ-MOI LES VIEUX ALBUMS DE L'ARMOIRE DU FOND

WOAH, BON...

CE GARS-LÀ IL PASSE SON TEMPS À SE METTRE EN COLÈRE

JE LES METS OÙ?

PRÈS DE MOI, OÙ VOUS VOULEZ...

BON, JE LES DÉPOSE ICI

PFFFD

翰翁

M'ENFIN! QU'ON M'EXPLIQUE POURQUOI IL SE FÂCHE TOUT ROUGE ENCORE UNE FOIS!?

258

NON! AU SECOURS!!

AUCUN DANGER, GASTON, VOUS SAVEZ BIEN QU'IL Y A DU PLOMB DANS LE FOND...

DOUCEMENT, HEIN!

?

...ET COMME VOUS N'AVEZ GUÈRE DE PLOMB DANS LA TÊTE...

AÏE, AÏE, AÏE!

HOUHOUHOU HIHI!.. J'EN PLEURE!

QU'EST-CE QUE TU EN PENSES, SPIROU?... C'EST UNE IDÉE DE FANTASIO, CE DÉGUISEMENT DE POUSSAH POUR LE BAL COSTUMÉ...

ORIGINAL, NON?

MAIS SI ON DANSE?

HAUT LES MAINS! HIHIHIHI!

GASTON! NON!!! LÂCHEZ CE...

LA BOURSE OU LA VIE! HAHAHA

ON NE JOUE PAS AVEC ÇA! SURTOUT PAS VOUS!!

CET OBJET-LÀ, DANS LA MAIN DU GAFFEUR! ÇA NE PEUT PAS... HIHIHI, HIHI!

...NE PAS FINIR MAL! JE SENS VENIR LA CATASTROPHE!!

HÉ ATTENDS...

M'ENFIN, SOT! J'ALLAIS T'OFFRIR UNE CIGARETTE... JE NE VOULAIS PAS TE DESCENDRE!

CLIC

UN GARS QUI JOUE DU ROCK' AU BOMBARDON, ÇA LES DÉPASSE ÉVIDEMMENT!

FLOP! GRMMBL GRMMBL GRRM

CE N'EST PAS MALHEUREUX, DE DEVOIR RÉPÉTER DANS CE RÉDUIT?...

CLIC

IL N'Y A MÊME PAS DE FENÊTRE...

...ON N'EN- COURAGE PAS LES VOCATIONS, ICI...

EH BEN?!... 'MANQUAIT PLUS QU'UNE PANNE D'ÉLECTRICITÉ!

BON, J'ATTENDRAI LE TEMPS QU'IL FAUDRA...

262

IL Y A TRENTE ANS QUE JE CHASSE, ET JE N'AI JAMAIS VU D'AUSSI MAUVAIS RABATTEURS!...

CE QUI SERA BIEN RABATTU, EN TOUT CAS, C'EST VOTRE PRIME!

TAGADAP TAGADAP **TAGADAP**

?

IL Y A TRENTE ANS QUE JE CHASSE, ET JE N'AI JAMAIS VU...

MAIS? QU'EST-CE QUI A BIEN PU PROVOQUER?...

DE L'AUTRE CÔTÉ DU BOIS:

JE SUIS LE YÉYÉYÉYÉTI!...

282

 FINI POUR AUJOURD'HUI PODOM POP ♪ DRRRIING

 AH! C'EST VOUS GASTON? OUI! JE QUITTAIS...

DIS, J'AI OUBLIÉ D'ALLER AU MAGASIN D'ARTICLES DE JARDINAGE, TU SAIS, AU COIN... TU VEUX BIEN Y PASSER...

 ...PRENDRE LE MACHIN POUR LE GAZON DE MA TANTE?

LE MACHIN??

OUI!. JE NE SAIS PLUS LE NOM, MAIS...

 ...DIS QUE C'EST POUR MOI... ET TU ME L'APPORTES...

D'ACCORD J'ARRIVE AU TROT

 JE VOIS D'ICI LA TANTE SOIGNANT SON PETIT GAZON AVEC AMOUR...

DIN FLEURI TILS SEMENCES TUYAU PLASTIQUE

 IL M'A **ROULÉ!**

LE JO LISE SP

268

 TU SAIS, L'INCONVÉNIENT DU BOMBARDON, C'EST QU'ON NE PEUT PAS CHANTER EN MÊME TEMPS QU'ON EN JOUE...

IL NE MANQUERAIT PLUS QUE ÇA!

 ...J'AI ESSAYÉ, MAIS ÇA NE DONNE PAS.

IL A ESSAYÉ!!

 LE LENDEMAIN...

AÏE! C'EST ENCORE UN DE CES JOURS OÙ GASTON SE DONNE TOUT ENTIER À LA MUSIQUE...

 MAIS!?... IL N'EST PAS SEUL!! J'ENTENDS QU'IL A FAIT VENIR UN COMPARSE!!

 ...ET IL EN A TROUVÉ UN QUI JOUE AUSSI **FAUX** QUE LUI,

 JE M'EN VAIS TE ME L'EXPULSER, MOI, SON PETIT COPAIN...

PFFWÖÖP PFFWÖÖP

TCHING TCHITCHING

293

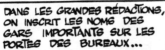

DANS LES GRANDES RÉDACTIONS, ON INSCRIT LES NOMS DES GARS IMPORTANTS SUR LES PORTES DES BUREAUX...

OUI?

MOI, LA MINUTIE ET LE SOIN, C'EST MA SPÉCIALITÉ...

VOILÀ... C'EST COMMENT?

BRAVO! C'EST ATROCE!

AH! MAIS ON ÉCRIT LE TITRE EN DESSOUS DU NOM... POUR MOI, JE METS QUOI?

EH BIEN... HÉROS... SANS EMPLOI!

SANS EMPLOI! TU ESSAYES ENCORE DE ME VEXER, HEIN?!

CLAP
TCHINCKLINC

...SI, SI! EN AVANT! ÉCRIVEZ...

270

...ILS NE SONT PAS FICHUS DE RECONNAÎTRE UN BON ROCK! J'IRAI RÉPÉTER HORS DE LA VILLE...

...D'AILLEURS, EN PLEIN AIR, MA VOIX POURRA DONNER TOUTE SA MESURE...

HOUU-OUOÙ!
HOUU-OUOÙ
OÙ AS-TU MIS MON CŒUR
?

ATELIERS MÉC

HÉ! LES GARS! Z'ÊTES PAS FOUS, NON? ON A ENCORE POUR UNE HEURE DE BOULOT...

'BEN QUOI, LÉON? T'AS PAS ENTENDU LA SIRÈNE?!

272

47

COURRIER TERRIBLE, AUJOURD'HUI, LES ENFANTS !... J'AI BESOIN DE VOUS TOUS !

IL DIT QU'ON CHAUFFE TROP, ICI... **LA CHALEUR L'ASSOUPIT.**

RÈGLE LE THERMOSTAT À ZÉRO, J'OUVRE LA FENÊTRE...

IL DEMANDE QU'ON RALLUME LE CHAUFFAGE : **LE FROID L'ENGOURDIT.**

GASTON ! OÙ EST GASTON ?

JE ME REPOSE UN PEU : MOI, LES CHAUD-ET-FROID, ÇA ME DÉMOLIT...

273

MAIS, GASTON, SI VOUS TRANSPORTEZ CES BOUQUINS **UN PAR UN**, VOUS N'AUREZ PAS FINI CETTE SEMAINE, MON VIEUX...

MMUH ?

IL EXAGÈRE DANS L'AUTRE SENS...GAMIN ! ...MAIS IL OUBLIE QUELQUE CHOSE !...

...ET JE VOIS VENIR LE GAG !...HIHI ! PASSERA PAS LA PORTE ! C'EST BIEN DE LUI, ÇA...

AH ! AH ! C'EST MAINTENANT ; HIHIHI ! UN, DEUX, TROIS...

MAIS...MAIS ?! IL A **PENSÉ**

274

x

AH! GASTON... J'AI BEAUCOUP À FAIRE... VOUS ALLEZ COMMANDER VOUS-MÊME DEUX DOUZAINES D'AUTOS MINIATURE... VOUS SAVEZ, DE CETTE TAILLE...

DES D'TITES AUTOS?

OUI... CE SERONT LES PRIMES DE CONSOLATION DU JEU-CONCOURS... PRENEZ DES DS 19, PAR EXEMPLE...

BONNE IDÉE...

MOI, QUAND ON ME DONNE UN TRAVAIL INTÉRESSANT, JE SUIS D'UNE EFFICACITÉ TERRIBLE... AH! L'ADRESSE?...

...ET ÇA! C'EST PAS UNE COMMANDE, ÇA?...

...BEN, CE N'EST PAS CHEZ CITROËN QU'IL FALLAIT ÉCRIRE? CE QUI EST POSSIBLE, C'EST QUE J'AIE OUBLIÉ LE MOT "MINIATURE"...

275

AH! VOUS VOILÀ, GASTON... SUIVEZ-MOI... VITE!...

?

EDITIO

NOUS ALLONS À LA CAVE...

À LA... QUOI?

DE MESMAEKER VA VENIR DANS TROIS MINUTES... ET CETTE FOIS, JE NE PRENDS AUCUN RISQUE... ATTENDEZ-MOI ICI...

REZ-DE-C

PFFFTTT! FAIT PAS FROID PRÈS DES CHAU-DIÈRES...

VLAN! UNE PANNE D'ÉLECTRICITÉ!

UNE HEURE DIX... BLOQUÉ ENTRE DEUX ÉTAGES...!!! POUR PASSER LE TEMPS, J'AI **MANGÉ** LES CONTRATS!

CONCIERGE PAS CONTENT

276

...OUI, PAR CORRESPONDANCE: ÉLECTRONIQUE, RADIO, TV, TOUT ÇA! ...J'AI DEMANDÉ LE COURS COMPLET EN UNE FOIS!

JE VAIS BRÛLER LES ÉTAPES... ILS ENVOIENT LE MATÉRIEL POUR CONSTRUIRE SOI-MÊME DES TRUCS!

CET APPAREIL, GASTON, À QUOI VA-T-IL SERVIR??

EUH...PFFOUF! C'EST DIFFICILE À EXPLIQUER À UN PROFANE...

BAH! S'IL POUVAIT RÉUSSIR... IL Y A BEAUCOUP À FAIRE EN ÉLECTRICITÉ DANS UNE VILLE...

J'ESSAYE! ON VA VOIR...

PLUPS

1ER ÉTAGE

CLANC

2E ÉTAGE
TCHINC

3E ÉTAGE
CLINC

4E ÉTAGE
BANG

5E ÉTAGE

TCHANC

J'AI BIEN FAIT DE NE PAS LES MONTER PAR L'ASCENSEUR, LES PLANCHES...

...POUR MON ÉTAGÈRE: ÇA AURAIT FAIT DES HISTOIRES...

LE PAVILLON DES SINGES ? TOUT DROIT, CONTOURNEZ LE RHODODENDRON, ET C'EST À GAUCHE.

EH BEN, CETTE ENTRÉE, ELLE EST OÙ ??

FAUT ÊTRE FOU POUR FABRIQUER DES PORTES AUSSI BASSES !

M'ENFIN, DES BARREAUX MAINTENANT !

VIENS VOIR, M'MAN ! Y EN A UN QUI EST HABILLÉ !.

FAIRE LA QUEUE POUR ACHETER UN SAPIN, PFF !... J'AURAIS DÛ VENIR PLUS TÔT...

ET ALORS, QUOI ? AVANCEZ...

HÉ...... HÉ ! VU QUE J'SUIS LE BALAYEUR, FAUT ME LAISSER BALAYER...

BEUH ?

...AH BEN, OUI ! LES SAPINS, C'EST FINI !... ET MOE, J'VOIS PAS COMMENT J'POURRAIS VOUS DÉPANNER...

...MAIS NON, GASTON, IL N'EST PAS SI MAL... JOYEUX NOËL, MON VIEUX !

Ô GRAND SAPIN, ROI DES FORÊTS...

GASTON, OÙ EST LA PLANCHE "BOULE ET BILL", NOM D'UN CHIEN ?... ...GASTON ?

AH ! ELLE EST ICI...

...ET AU BUREAU, ÇA VA ?

BOAH, ON EST CONTINUELLEMENT BOUSCULÉ...

NON ?! VOUS N'ALLEZ PAS REMETTRE EN CIRCULATION CET ABOMINABLE LATEX !?!

ATTENDS, JE VAIS T'EXPLIQUER...

VOILÀ : J'ÉTUDIE "LE JUDO SANS PEINE EN VINGT LEÇONS", ET JE VAIS L'UTILISER POUR RÉPÉTER LES PRISES !... PAS BÊTE, NON ?

TU NE REGARDES PAS ? JE LUI FAIS UN KATA... EUH ...ICI

C'EST ÇA. ET SI LE COURRIER N'EST PAS CLASSÉ À MIDI, MOI, JE VOUS FAIS UN ŒIL BLEU...

AÏE ? HUMMPH. **GARGLLRRR**

MINUTE... LA TÊTE TOUTE BLEUE QUI RÂLE DOIT ÊTRE CELLE DE GASTON...

GARGLL RRÂÂÂÂH

JE ME SUIS EMBERLIFI-COTÉ...

LATEX, VAINQUEUR

BOAH, C'EST BON! J'IRAI COMPOSER À LA CAMPAGNE...

...MAINTENANT ON ME CHASSE...MAIS QUAND JE SERAI BIEN AU POINT...

...JE N'AURAI QU'À PRENDRE MA GUITARE, ET MES FANS SERONT TOUS LÀ...

TONG TONG

QUAND JE TE VOIS É MUU-UE AUSSITÔT JE M'É MMEU-EUS

EH BEN J'AI FAIT UNE BELLE OCCASION! ELLE EST SPLENDIDE, MA BOULE DE BOWLING...

AÏE! J'ENTENDS FANTASIO. S'IL LA VOIT, IL VA ENCORE ROUSPÉTER...

...CACHONS-LA ICI, À L'EXTÉRIEUR...

...ET FERMONS LA FENÊTRE...

CLAP

BONNE NOUVELLE, MON VIEUX GASTON. DE MESMAEKER M'A TÉLÉPHONÉ... IL VA VENIR ME MONTRER SA NOUVELLE VOITURE...ET JE SUIS SÛR...

...QU'IL VA SIGNER LES CONTRATS CAR IL EST CONTENT, CONTENT!

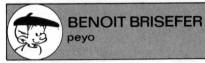

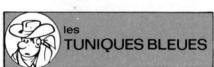